Virginie Piot
Schnelleinstieg Baby

Virginie Piot

Schnelleinstieg

Baby

ALLES, WAS JUNGE ELTERN WISSEN MÜSSEN

Aus dem Französischen von Carolin Wiedemeyer

ANACONDA

HINWEIS

Sollte Ihr Kind Fieber, Durchfall oder eine andere Krankheit haben, deren Ursprung Sie nicht kennen, ist dieser Ratgeber sicherlich hilfreich, aber er reicht nicht aus!

Suchen Sie unbedingt Ihren Kinderarzt auf, damit er eine richtige Diagnose stellen kann. Geben Sie Ihrem Kind keine Medikamente ohne ärztlichen Rat.

Die Deutsche Nationalbibliothek verzeichnet diese Publikation in der Deutschen Nationalbibliografie; detaillierte bibliografische Daten sind im Internet unter http://dnb.d-nb.de abrufbar.

Lizenzausgabe mit freundlicher Genehmigung
Published originally in the French language under the title:
Le Superguide – Mode d'emploi special bébé
© 2017, Editions First, an imprint of Edi8, Paris

© der deutschen Übersetzung 2018 Anaconda Verlag GmbH, Köln
Alle Rechte vorbehalten.
Illustrationen: © Les Indiens
Umschlaggestaltung: www.dya.de unter Verwendung der
Umschlagillustration der Originalausgabe
Satz: InterMedia – Lemke e. K., Ratingen
Printed in Czech Republic 2018
ISBN 978-3-7306-0638-4
www.anacondaverlag.de
info@anacondaverlag.de

Inhaltsverzeichnis

Wie wechsle ich eine Windel?

DAS GEHÖRT AN DEN WICKELTISCH:

Mülleimer · sauberer Body · Waschlotion · Pflegeöl · Watte · frische Windel

WIE GEHE ICH VOR?

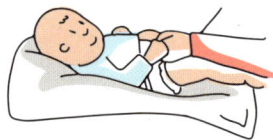

Legen Sie Ihr Baby auf eine stabile Unterlage mit Handtuch (Vorsicht vor unerwarteten Spritzern, vor allem bei kleinen Jungs).

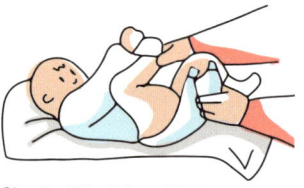

Öffnen Sie die Windel und halten Sie dabei die Beine des Babys fest, damit es sich nicht mit der dreckigen Windel beschmutzt.

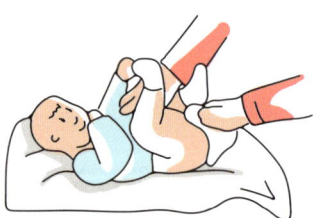

Entfernen Sie den Stuhlgang Ihres Kindes. Säubern Sie den Po und die Haut zwischen den Beinen mit Watte und Pflegeöl oder Waschlotion. Achten Sie besonders auf die Hautfalten.

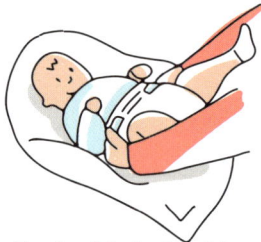

Schieben Sie eine frische Windel unter den Po des Babys und ziehen Sie die seitlichen Verschlüsse nach vorne, um die Windel auf dem Babybauch schließen zu können.

Tipp

Windeln haben oft ein Bildchen vorne drauf – ein guter Trick, um die Windel richtig herum anzuziehen!

hinten

vorne

Wie versorge ich den Nabelstumpf?

Diese Aufgabe ist nicht gerade ein Vergnügen und stößt junge Eltern oft ab ...

UM WAS HANDELT ES SICH GENAU?

Die Nabelschnur verbindet das Baby mit der Plazenta und ernährt es während der Schwangerschaft. Sie wird nach der Geburt »abgeklemmt«, d. h. man setzt eine Art Plastikklammer an das Ende, die den Blutkreislauf unterbricht, bevor die Schnur durchgeschnitten wird. So behält das Baby einige Zentimeter Nabelschnur. Für eine gute Verheilung ist es wichtig, den Nabelstumpf bei jedem Windelwechsel gut zu reinigen.

WIE GEHE ICH VOR?

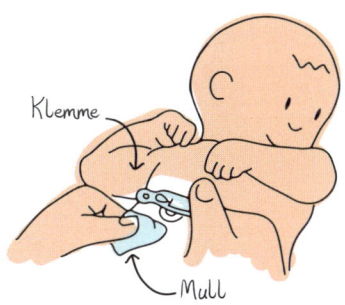

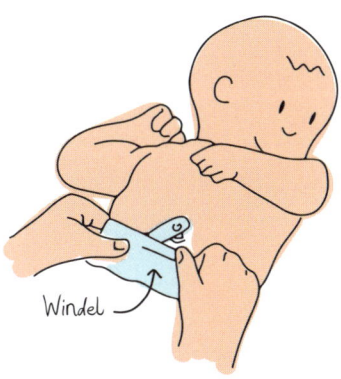

Die Klemme abnehmen. Mit einem sterilen Mullstoff, den Sie vorher desinfiziert haben, reinigen Sie die Hautfalten rund um den Bauchnabel. Wiederholen Sie den Vorgang, bis alles ganz sauber ist.

Legen Sie dem Baby die Windel an, aber achten Sie darauf, dass der Nabelbereich frei liegt, Sie können die Windel vorne einfach einschlagen. Bis zur Abheilung des Nabelstumpfs braucht das Baby nicht gebadet zu werden.

Die Nabelschnur sollte von selbst nach ca. 10 Tagen abfallen.

Wie bade ich mein Baby?

WAS BRAUCHE ICH?

Sie können eine kleine Babybadewanne benutzen, aber wenn Sie über eine richtige Badewanne verfügen, können Sie auch einen Badewanneneinsatz nehmen, um Ihr Baby direkt in der Badewanne zu baden.

Benutzen Sie Pflegeprodukte mit möglichst wenig Chemie: Baby-Badezusatz oder Baby-Öl, stets unparfümiert.

WIE GEHE ICH VOR?

Legen Sie sich alles vorher zurecht:

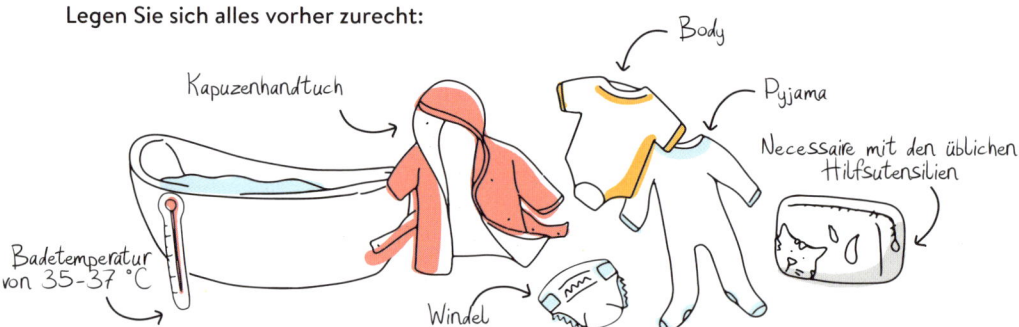

Kapuzenhandtuch

Body

Pyjama

Necessaire mit den üblichen Hilfsutensilien

Badetemperatur von 35–37 °C

Windel

Das Bad sollte nicht länger als 5 Minuten dauern, denn Babys ermüden schnell im Wasser und es wird ihnen schnell kalt. Stützen Sie stets den Kopf des Babys.

Seifen Sie die Haut des Babys nicht direkt ein. Geben Sie lediglich 1–2 Tropfen Pflegemittel oder Öl ins Wasser und reinigen Sie die Babyhaut mit kreisenden Bewegungen.

Beginnen Sie mit dem Kopf, dann den Körper, die Gliedmaßen und schließlich den Genitalbereich und den After. Tupfen Sie das Baby nach dem Bad vorsichtig trocken und achten Sie dabei besonders auf die Hautfalten. Wechseln Sie das Handtuch nach jedem Bad.

Wissenswert

Die Babyhaut ist sehr empfindlich und wird auch nicht so schnell schmutzig! Ein Bad 1–2-mal pro Woche reicht völlig aus!

Wie verläuft die Körperpflege?

Alles, was Sie über die tägliche Körperpflege von Babys wissen sollten, wird Ihnen während und nach der Schwangerschaft von der Hebamme vermittelt.

WIE REINIGE ICH DAS GESICHT DES BABYS?

Mithilfe eines angefeuchteten zusammengerollten Wattebauschs reinigen Sie bei Bedarf:

- die Nase (wahrscheinlich wird das Baby niesen, das ist normal);
- die Ohren;
- die Augen (vom inneren zum äußeren Rand).

Kochsalzlösung

COTON

Watte

WIE REINIGE ICH DEN GENITALBEREICH MEINES BABYS?

Bei kleinen Mädchen:

Ziehen Sie vorsichtig die äußeren Schamlippen auseinander, um den Zwischenraum und die kleinen Schamlippen zu reinigen. Ziehen Sie dann die kleinen Schamlippen auseinander und reinigen Sie von vorne nach hinten, von der Harnröhre bis zum After.

Bei kleinen Jungs:

Das Zurückstreifen der Vorhaut ist nicht nötig, Sie sollten das auf keinen Fall in den ersten 4 Monaten machen.

Tipp

Die Körperpflege Ihres Babys ist ein wichtiger Bestandteil des Tages. Es ist ist der Moment, in dem alle seine Sinne wach sind und es am meisten kommuniziert. Genießen Sie es und nehmen Sie sich Zeit!

Wie putze ich meinem Baby die Nase?

Ihr Kind kann sich noch nicht alleine die Nase putzen, deswegen ist es wichtig, dass Sie das tun, auch um HNO-Infektionen vorzubeugen oder zu kurieren.

WIE GEHE ICH VOR?

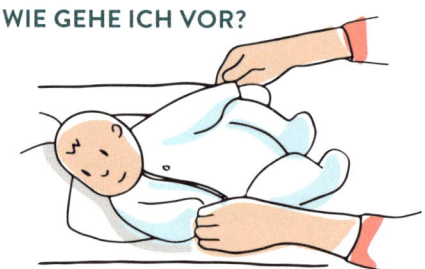

Das Baby liegt auf dem Wickeltisch.

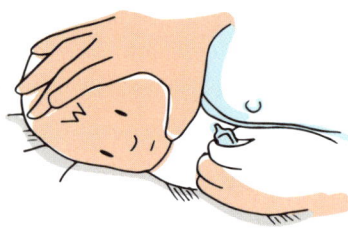

Mit einer Hand fixieren Sie die Arme entlang des Körpers. Mit der anderen drehen Sie den Kopf auf eine Seite und achten darauf, dass der Mund des Babys geschlossen bleibt.

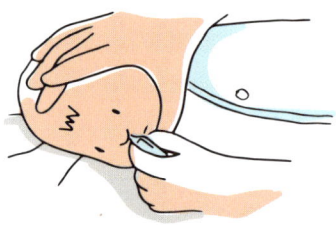

Sprühen Sie Meerwasserspray oder träufeln Sie mit einer Pipette Kochsalzlösung in das obere Nasenloch, bis die Flüssigkeit durch das untere Nasenloch wieder ausläuft.

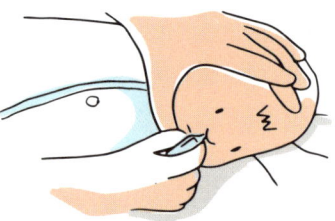

Drehen Sie den Kopf des Babys auf die andere Seite und wiederholen Sie die Prozedur. Jetzt hat es sich einen dicken Kuss verdient!

Wissenswert

DER NASENSAUGER

Ob elektronisch oder manuell, der Nasensauger sollte Bestandteil der Erste-Hilfe-Tasche des Babys sein. Mittels Unterdruck oder durch Ansaugen hilft der Nasensauger bei Schnupfen die Nase freizumachen, bevor sie gereinigt wird.

Wie schneide ich die Nägel?

BIS 6 MONATE

Während der ersten 6 Monate sind die Nägel Ihres Babys sehr weich. Dennoch müssen Sie Ihr Kind davor schützen sich unfreiwillig zu kratzen. Dazu kaufen Sie am besten Fäustlinge oder ziehen Sie ihm kleine Söckchen über die Hände.

NACH 6 MONATEN

Fangen Sie an, dem Baby die Nägel mit einer sehr feinen Papiernagelfeile zu kürzen.

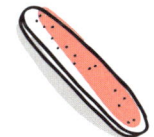

Machen Sie das am besten zu zweit: Einer hält das Kind auf den Knien und feilt die Nägel, der andere versucht, das Kind abzulenken.

Wenn Ihnen die Nägel stark genug scheinen, können Sie beginnen, sie zu schneiden. Nehmen Sie am besten eine spezielle Baby-Nagelschere mit abgerundeten Spitzen, die sind perfekt! Machen Sie das immer nur zu zweit.

FUSSNÄGEL: ACHTUNG, EMPFINDLICH!

Wenn Ihr Kind anfängt zu robben und zu krabbeln, schützen Sie seine Füße gut. Die Fußnägel sind sehr weich und können leicht brechen oder einreißen.

Und passen Sie auch auf, wenn das Kind zu laufen beginnt: Im Sommer nehmen Sie luftige, aber vorne geschlossene Schuhe.

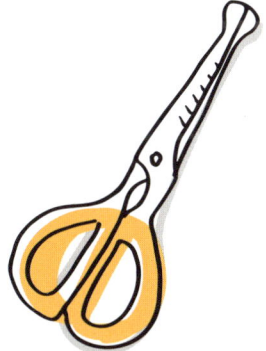

Schneiden Sie Ihrem Kind die Nägel, wenn es schläft, das ist einfacher!

Wie pflege ich die Haut meines Babys?

Die feine Haut Ihres Babys neigt schneller zum Austrocknen als Ihre Haut und ist zudem anfällig für Irritationen.

KÖRPERPFLEGE

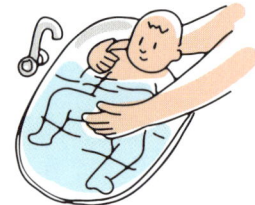

Spülen Sie die Haut des Kindes nach dem Baden gut ab.

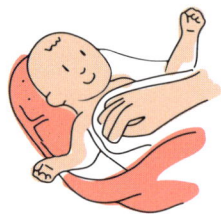

Trocknen Sie das Baby sorgfältig ab, um wund machende Feuchtigkeit in den Hautfältchen zu vermeiden.

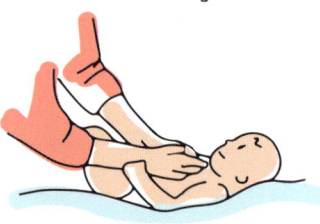

Massieren Sie Ihr Kind so oft wie möglich mit biologischem Pflanzenöl.

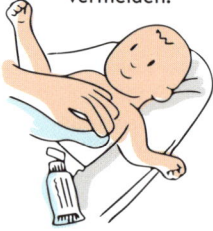

Nach dem Baden können Sie auch eine Feuchtigkeitslotion auf die Haut auftragen, besonders die Hände.

KLEIDUNG

Nehmen Sie bevorzugt Kleidung aus natürlichen Materialien, vor allem Baumwolle. Schneiden Sie kratzende Etiketten heraus.

JAHRESZEITEN

Tragen Sie im Winter eine Wind- und Wettercreme auf das Gesicht Ihres Babys auf, bevor Sie mit ihm hinausgehen. Vorsicht auch vor zu trockener Heizungsluft und vor heftigen Temperaturwechseln.

Im Sommer gilt es vor allem, die Haut vor Sonnenbrand zu schützen. Das Baby sollte immer im Schatten sein. Wenn es doch mal in die Sonne soll, vermeiden Sie die Mittagszeit und ziehen Sie ihm UV-abweisende und langärmelige Kleidung an. Setzen Sie ihm einen Sonnenhut und eine Sonnenbrille auf.

Was ziehe ich meinem Kind an?

DER BODY: 2 OPTIONEN

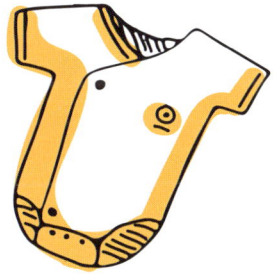 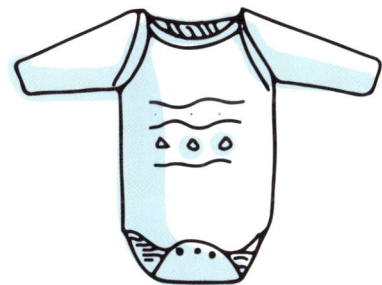

Ein Wickelbody mit Druckknöpfen auf der Vorderseite ist vor allem für die ganz Kleinen geeignet; es ist das Modell, das am einfachsten anzuziehen ist.

Ein Body, den man über den Kopf zieht. Ziehen Sie den Halsausschnitt gut auseinander, um das Baby beim Anziehen nicht zu sehr einzuengen.

HOSEN

Solange sie nicht laufen können, tragen alle Babys Hosen! Achten Sie darauf, dass das Bündchen elastisch und der Stoff schön dehnbar ist, das ist am bequemsten.

JÄCKCHEN

Ziehen Sie Ihrem Kind keinen Pullover, den man über den Kopf ziehen muss, an, sondern lieber ein Wickeljäckchen oder eine Weste. Babys hassen es, wenn man ihnen am Kopf herumfummelt!

SÖCKCHEN ODER KEINE SÖCKCHEN?

Sobald das Baby in der Lage ist sich fortzubewegen, lassen Sie es, wenn möglich, barfuß. So vermeiden Sie am ehesten, dass es aus-rutscht. Außerdem kann das Baby so am besten seine Sinne entdecken.

Tipp

ZU VIEL ODER ZU WENIG ANGEZOGEN?

Ein Baby fängt viel leichter an zu frieren als Sie selbst. Es ist also wichtig, es immer warm genug anzuziehen, aber auch nicht zu dick. Faustregel: Ziehen Sie dem Kind eine Schicht mehr an als sich selbst.

Stillen, wie geht das?

DAS STILLEN

Kurz nach der Geburt können Sie, wenn Sie möchten, Ihrem Kind das erste Mal die Brust anbieten. Das verpflichtet zu nichts, gibt Ihnen aber die Möglichkeit, zu sehen, ob Ihnen dieser Kontakt angenehm ist.

Während der ersten 3 Tage nach der Geburt erhält das Baby das sogenannte Kolostrum, eine gelbliche Substanz, die reich an Proteinen und Antikörpern ist, sowie leicht abführend wirkt. Es stärkt das Immunsystem des Kindes.

Wenn Sie sich dazu in der Lage fühlen, stillen Sie Ihr Kind, so oft es will. Anfangs kann das 8–10-mal pro Tag sein (alle 2–3 Stunden), oder auch mehr.

DIE MILCHPUMPE

Milch abpumpen ist bei Frühgeburten sehr nützlich, aber auch, wenn Sie wieder arbeiten oder ausgehen wollen, ohne mit dem Stillen aufzuhören.

Wenn Sie nur gelegentlich Ihre Milch abpumpen möchten (um zum Beispiel mal einen Abend auszugehen), dann reicht Ihnen eine kleine manuelle Milchpumpe.

Wenn Sie vorhaben, Ihre Milch täglich abzupumpen (besonders am Arbeitsplatz), dann brauchen Sie eine elektrische Milchpumpe, die sehr viel schneller ist, vor allem, wenn sie mit einer Doppelpumpe ausgestattet ist, mit der Sie an beiden Brüsten gleichzeitig abpumpen können.

WIE PUMPE ICH AB?

Die Natur hat gut vorgesorgt: Allein der Anblick Ihres Babys löst den Milchspendereflex aus und erleichtert das Vorhaben. Wenn Sie in Abwesenheit Ihres Kindes abpumpen möchten (zum Beispiel im Büro), warten Sie den Zeitpunkt der Stillmahlzeit ab (Sie werden anhand der Spannung und des Volumens Ihres Busens schnell merken, wann es soweit ist).

Milchpumpe

Tipp

Während der Stillzeit verbraucht der Körper mehr Kalorien als normalerweise, aber die meisten Frauen haben auch größeren Appetit. Essen Sie nicht mehr, sondern besser: mehr pflanzliches Eiweiß (Hülsenfrüchte), Omega-3-Fettsäuren (fettreicher Fisch), grünes Gemüse, und – ganz wichtig – trinken Sie ausreichend! Stillen macht durstig …

Was ist die richtige Stillposition?

DAS BABY ANLEGEN

Der Bauch des Babys sollte Ihren Bauch berühren.

Sein Gesicht und Mund sollten genau in Höhe Ihrer Brust sein (behelfen Sie sich mit einem Kissen) und nicht unterhalb – so vermeiden Sie Risse in der Brustwarze, wenn das Baby daran zieht.

Das Baby stülpt den Mund wie einen Saugnapf über die Brustwarze, ohne sie zu kneifen, Kinn und Nase sind an Ihre Brust gedrückt.

NUR EINE BRUST ODER BEIDE PRO STILLVORGANG?

Sie können selbst entscheiden, was Ihnen angenehmer ist (die »stillende Brust« ist immer praller als die »leere«). Auch kann der Appetit Ihres Babys unterschiedlich groß sein.

WAS IST EIN STILLKISSEN?

Ein bananenförmiges Kissen, mit dem Sie Ihr Baby in die richtige Still-position bringen können, ohne sich Rücken oder Arm zu verrenken.

WELCHES STILLKISSEN NEHME ICH?

Ein mit Styroporkügelchen, Kleie oder Dinkel (für das Bio-Gewissen) gefülltes Kissen, das leicht formbar ist und einen abnehmbaren waschbaren Bezug hat.

Stillkissen

Tipp

Es ist nicht nötig, die Brust vor dem Stillen zu waschen, sie ist nicht dreckig! Am Ende des Stillvorgangs verteilen Sie ein wenig Muttermilch auf Ihrer Brust und der Brustwarze. Sie hat eine bemerkenswerte heilende Wirkung und hilft eventuelle Mikroläsionen zu »reparieren«.

Wie bereite ich ein Fläschchen zu?

WELCHES WASSER NEHME ICH?

Man rät Eltern oft, sehr schwach mineralisiertes, stilles Wasser in Flaschen zu nehmen (auf den Flaschen steht drauf, ob es für Babynahrung geeignet ist). Wenn Sie Flaschen benutzen, achten Sie darauf, dass Sie die Flasche nach dem Öffnen nicht zu lange stehen lassen.

Und wenn Ihr Kinderarzt einverstanden ist: Das Leitungswasser ist in den meisten Gegenden sauber genug, um es für Babyfläschchen zu nutzen.

WIE ERWÄRME ICH DAS FLÄSCHCHEN?

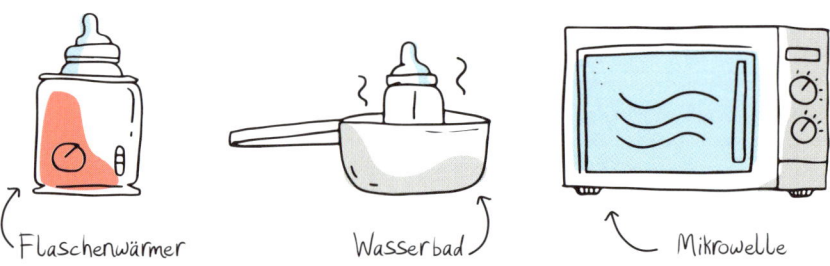

Flaschenwärmer   Wasserbad   Mikrowelle

Die beste Wahl ist der Flaschenwärmer, denn er ist darauf geeicht, genau die richtige Temperatur in Rekordzeit zu erreichen! Nur ... er ist auch sehr platzraubend. Wenn Sie wirklich mal keine Zeit haben, tut es auch die Mikrowelle, aber ein Wasserbad ist besser.

Tipp

Ein Fläschchen mit Babymilch aus Milchpulver hält sich nicht sehr lange, wenn es einmal erwärmt wurde: ca. 30 Minuten bei Zimmertemperatur und eine Stunde im Kühlschrank. Wenn Sie Zweifel haben, einfach daran riechen ... Wenn Ihr Baby das Fläschchen ablehnt, schütten Sie es weg und machen Sie ihm später ein neues, das ist besser!

WIE VIEL MILCHPULVER GEHÖRT INS FLÄSCHCHEN?

Dosieren Sie immer nach Packungsvorschrift

1 Messlöffel

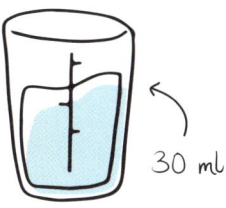

30 ml

	Anzahl Fläschchen pro Tag	Wasser pro Fläschchen	Milchpulver pro Fläschchen (Anzahl der Löffel)	Welche Milch?
0–2 Monate	5	150 ml	5	Pré- oder 1er-Nahrung
3 Monate	5	180 ml	6	Pré- oder 1er-Nahrung
4 Monate	4	210 ml	7	Pré- oder 1er-Nahrung
5–6 Monate	5	210 ml	7	Pré- oder 1er-Nahrung
ab 7 Monaten	3–4	240 ml	8	2er-Nahrung
1–3 Jahre	2	300 ml	10	Kindermilch

Wie lege ich mein Baby sicher schlafen?

DIE TEMPERATUR

Überheizen Sie Ihr Zuhause nicht, vor allem nicht das Kinderzimmer: 18° C ist die ideale Temperatur. Installieren Sie ruhig ein Thermometer im Kinderzimmer.

18 °C

Wenn es warm ist, ziehen Sie dem Baby leichte Kleidung an und nutzen Sie leichteres Bettzeug.

Lüften Sie das Zimmer mindestens einmal pro Tag, damit Ihr Baby bei frischer Luft schlafen kann.

IM BETTCHEN

Legen Sie das Baby auf den Rücken. Studien zufolge ist das die risikoärmste und beste Position für die Atmung.

Lassen Sie das Baby in einem Schlafsack schlafen, nicht unter einem Laken, einer Decke oder einem Federbett.

Spendieren Sie Ihrem Kind eine neue, schön feste Matratze!

Benutzen Sie kein Nestchen, auch wenn sie oft sehr hübsch sind. Kinder haben es schnell raus, sie aufzubinden, auch im Schlaf, und rollen sich darin ein.

Legen Sie nicht mehrere Kuscheltiere ins Bettchen, ein Lieblingstier reicht.

Schnuller helfen beim Einschlafen – Kinderärzte empfehlen aber, den Schnuller mit drei Jahren abzugewöhnen, damit es nicht zu Zahnfehlstellungen kommt.

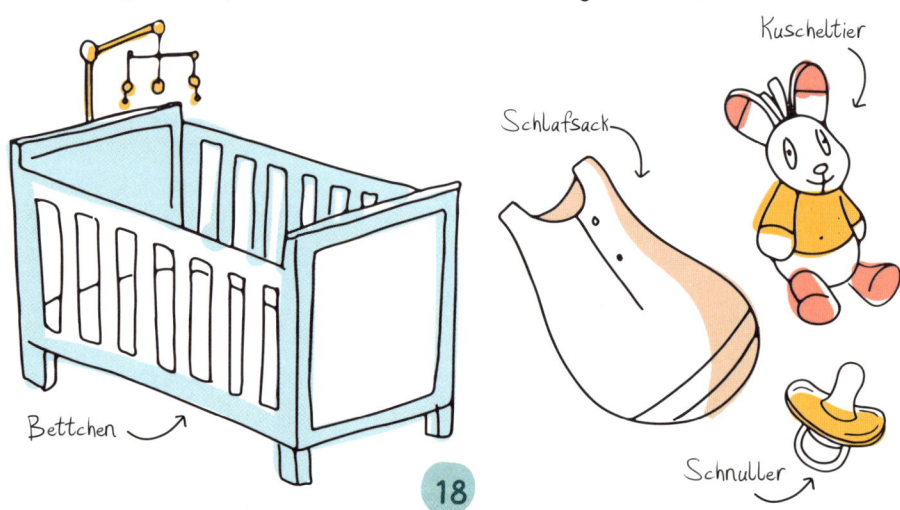

Kuscheltier

Schlafsack

Bettchen

Schnuller

Durchschlafen – aber wie?

Während der ersten 3 Monate unterscheidet Ihr Baby nicht wirklich zwischen Tag und Nacht, es macht lediglich kürzere oder längere Schläfchen. Manche Babys finden ihren Schlafrhythmus von selbst, meist nach 2, 3 oder 6 Monaten. Aber wenn Sie unter Schlafentzug leiden, kommen Sie nicht umhin, Ihrem Kind das Schlafen »beizubringen«, vor allem, nachts alleine wieder einzuschlafen.

WIE GEHE ICH VOR?

Als erstes bringen Sie Ihrem Baby mit einfachen Mitteln den Unterschied zwischen Tag und Nacht bei: eine kleine Ecke, die es ganz für sich hat, Dunkelheit, Ruhe. Wenn es nachts aufwacht:

- Stellen Sie sicher, dass Ihr Kind nicht krank (Fieber, Schmerzen) oder hungrig ist.
- Nehmen Sie es nicht auf den Arm. Schauen Sie nur von oben ins Bettchen und legen Sie eine Hand auf das Baby, um ihm zu zeigen, dass Sie da sind. Wenn Sie Ihr Baby ab einem bestimmten Alter nachts hochnehmen, können Sie es sicher leichter beruhigen, es wird sich aber angewöhnen, Sie auch in den nächsten Nächten zu »rufen«.
- Gehen Sie nicht direkt beim ersten Weinen ins Kinderzimmer – manchmal weint das Kind lediglich zwischen zwei Schlafphasen ein wenig und hört dann wieder auf. Wenn Sie hingehen, riskieren Sie, es noch mehr aufzuwecken.
- Gewöhnen Sie sich die Methode »5–10–15« an: Das erste Mal, wenn Ihr Kind nachts weint, warten Sie 5 Minuten, bevor Sie hingehen. Das nächste Mal warten Sie 10 Minuten, und so weiter. So wird das Kind beruhigt, aber gleichzeitig lernt es, mit der Nacht zurechtzukommen!

DAS KIND WACHT ZU FRÜH AUF, WAS MACHE ICH?

Manche Kinder haben eine kleine Wachphase gegen 5 Uhr morgens. Geben Sie Ihrem Kind die Chance wieder einzuschlafen, gehen Sie nicht direkt beim ersten Rufen hin. Es plappert vor sich hin? Dann braucht es nicht unbedingt Ihre Anwesenheit. Und wenn es weint, versuchen Sie, es ein wenig warten zu lassen. Sie müssen dem Kind beibringen, dass es noch Nacht ist! Verdunkeln Sie nachts die Fenster komplett, besonders im Sommer. So kommt das Baby nicht durcheinander mit Tag und Nacht.

Es kann sein, dass Ihr Baby vor Hunger aufwacht. Bringen Sie ihm so schnell wie möglich bei, sein Fläschchen alleine zu trinken. So können Sie ihm im Dämmerlicht sein Frühstück ins Bett legen, das es dann alleine zu sich nehmen kann. Vielleicht schläft es danach ohne Probleme wieder ein.

Wenn es etwas zum Spielen sucht, bringen Sie ihm ein paar Spielzeuge, damit es lernt, sich selbst zu beschäftigen.

Was gehört zur Grundausstattung?

UNENTBEHRLICH

Gitterbett
Ein Baby braucht seine eigene kleine Ecke, in aller Geborgenheit.

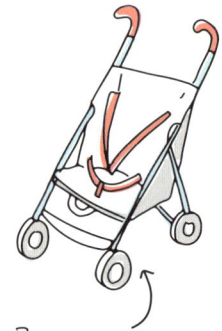

Buggy
Ab ca. 9 Monaten, wenn das Kind aufrecht sitzen kann.

Babytrage / Tragetuch
Die praktischste Lösung, um das Baby zu transportieren!

NÜTZLICH

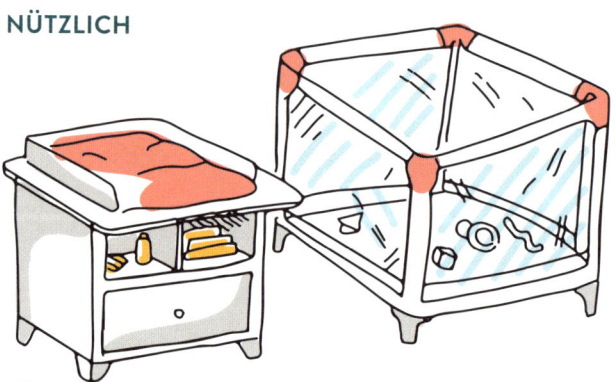

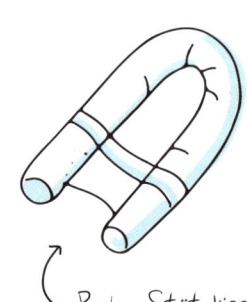

Wickeltisch
Kann auch eine Auflage auf einer stabilen Kommode sein. Das Baby auf einem Bett zu wickeln kann Ihnen auf Dauer den Rücken ruinieren!

Laufstall
Eine wertvolle Hilfe, wenn das Baby mobil wird und sich allen möglichen Gefahren im Haus aussetzt.

Baby-Stützkissen
Kann auch ein Stillkissen sein, aber ein Stützkissen verspricht Ihnen ruhigere Nächte.

Kinderwagen oder Trage?

DIE VERSCHIEDENEN KINDERWAGEN

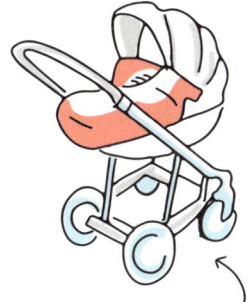

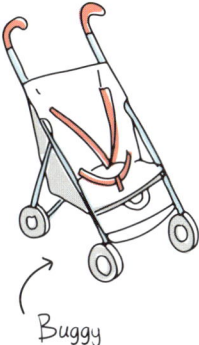

Sportwagen
(Ab Geburt oder 3 Monaten,
je nach Modell)

Kombikinderwagen:
- Babyschale (0–3 Monate)
- Kinderwagenwanne (3–9 Monate)
- Sportsitz (ab 9 Monaten)

Buggy
(ab 9 Monaten)

BABYTRAGE/TRAGETUCH

Sie benutzen gerne die Babytrage oder ein Tragetuch?

Für ein Baby ist Körperkontakt mit den Erwachsenen, die es umsorgen und lieben, fast genauso wichtig wie ernährt zu werden. Es ist Gefühlsnahrung! Und außerdem ist es in vielen Situationen weitaus praktischer, sein Kind mit sich zu tragen, als es in einem Kinderwagen zu schieben.

Babytrage

Babytragen und Tragetücher sind für Babys ab der Geburt bis 12 Kilo geeignet. Tragen Sie Ihr Baby vor dem Bauch mit dem Gesicht Ihnen zugewandt. Babytragen sind normalerweise sehr einfach zu handhaben: 3 Clips und fertig!

Tipp

Denken Sie daran, vor dem Kauf Gewicht, Breite und Herstellergarantie des Kinderwagens zu prüfen.

Welchen Autositz brauche ich?

	Traglast	Alter
Gruppe 0	ca. 0–10 kg	ca. 0–18 Monate
Gruppe 0+	ca. 0–13 kg	ca. 0–2 Jahre
Gruppe 1	ca. 9–18 kg	ca. 1–4 Jahre
Gruppe 2	ca. 15–25 kg	ca. 4–9 Jahre
Gruppe 3	ca. 22–36 kg	ca. 7–12 Jahre

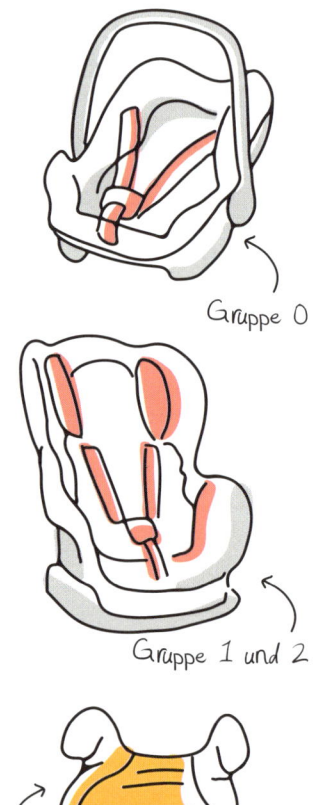

Gruppe 0

Gruppe 1 und 2

Gruppe 3

Tipp

UND WAS IST MIT SECOND HAND?

Richtig, das ist eine sehr kostengünstige Lösung, kann sich aber als gefährlich erweisen, denn Sie kennen so nicht die bisherige Nutzung des Sitzes: Hat er schon Stöße erlitten, auch solche, die man vielleicht nicht sieht, die den Sitz aber instabil und für Ihr Kind weniger sicher machen? Nehmen Sie lieber einen neuen Sitz, dem Sie voll und ganz vertrauen können.

Brauche ich ein Tragetuch?

WARUM SOLL ICH EIN TRAGETUCH BENUTZEN?

Zum einen, weil es sehr bequem ist! Zudem ist mit einem Tragetuch der Kontakt zwischen Eltern und Kind einmalig. Man sagt, dass ein Baby im Tragetuch einen Vertrauensvorschuss für die Zukunft anlegt ...

Das Gewicht verteilt sich auf Ihrem Rücken, Sie gehen nicht vornüber gebeugt. Das Baby sitzt auf Gesäß und Oberschenkeln in der Anhock-Spreizhaltung.

Zudem wärmen Sie Ihr Kind mit Ihrer Körperwärme im Winter und kühlen es etwas ab bei großer Hitze.

Und nicht zuletzt kann man die Tragetücher genau auf die jeweilige Größe des Kindes einstellen.

WELCHE KRITERIEN MUSS MAN BEACHTEN?

Die Größe. Tragetücher können zwischen 2,60 m und 6 m lang sein. Die kürzesten kann man lediglich als »Tragetuch-Wiege« nutzen, also nur für Säuglinge. Ab ca. 4,50 m kann man sie doppelt gekreuzt tragen (Knoten siehe S. 24).

Die Stoffqualität. Für einen sicheren Halt muss der Stoff sowohl ein wenig elastisch als auch sehr strapazierfähig sein. Am anpassungsfähigsten sind Tücher in Kreuzköper-Webung.

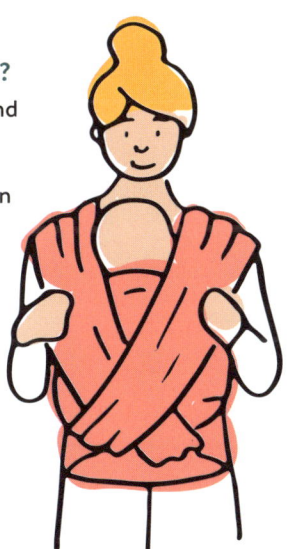

Tipp

SELBSTGEMACHTE TRAGETÜCHER: VORSICHT!
Die Stoffstruktur ist ausschlaggebend für Ihren Komfort und den Ihres Kindes. Es lohnt sich, ein bisschen mehr Geld auszugeben, wenn Sie das Tragetuch länger nutzen wollen.

Wie binde ich ein Tragetuch?

Hier die Grundwickeltechnik, mit der Sie Ihr Kind in zahlreichen Positionen tragen können. Sie können sie schon kurz nach der Geburt anwenden, indem Sie Ihr Kind in einer »Wiege« tragen.

Später nutzen Sie die Wickelkreuztrage, so lange, wie Sie wollen. Diese Position kann auch zum Tragen auf dem Rücken angewandt werden.

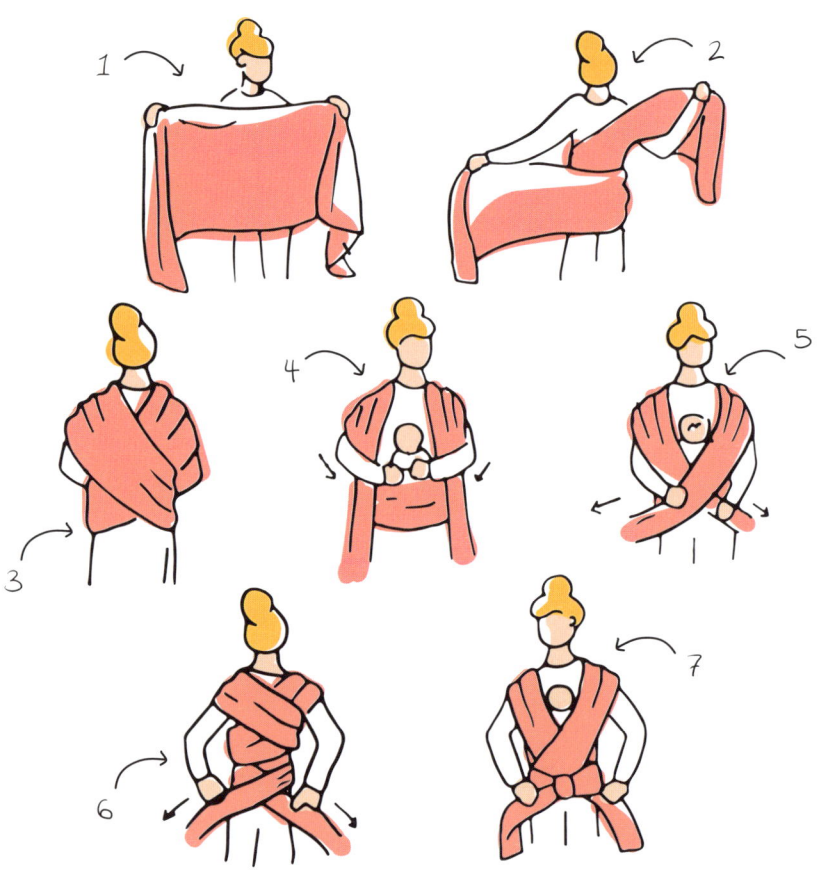

Wie pucke ich mein Baby?

WARUM AUF EINE ALTE TECHNIK ZURÜCKGREIFEN?

Das Einwickeln oder Pucken von Babys war besonders im 19. Jahrhundert beliebt und sollte die Kinder vor Kälte schützen. Heutzutage dient es eher dazu, die sichere Geborgenheit im Mutterleib zu imitieren und unbewusste Bewegungen, die das Baby aufwecken könnten, zu vermeiden. Der leichte Druck des Wickeltuchs auf den Unterbauch des Babys kann auch das Bauchweh durch Koliken lindern.

WIE GEHE ICH VOR?

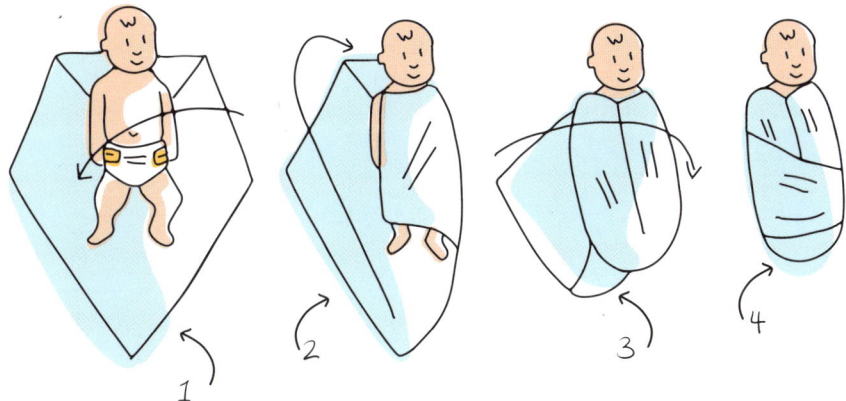

Pucken Sie Ihr Baby, wenn es schon schläft, dann vermeiden Sie, dass es strampelt ...

Tipp

Es ist zu warm? Lassen Sie es sein ...
Pucken ist für das Baby dann eher unbequem als bequem.

Wann zahnt mein Baby?

WIE PFLEGE ICH DIE ZÄHNE MEINES BABYS?

Milchzähne sind anfällig für »Fläschchenkaries«. Er tritt auf, wenn Ihr Baby zu lange gezuckerte Nahrung im Mund behält. Also, kein Fläschchen für die Nacht!

Sie sollten die ersten Zähnchen von Beginn an bis etwa 18 Monate mit einer kleinen, weichen Zahnbürste nur mit Wasser putzen.

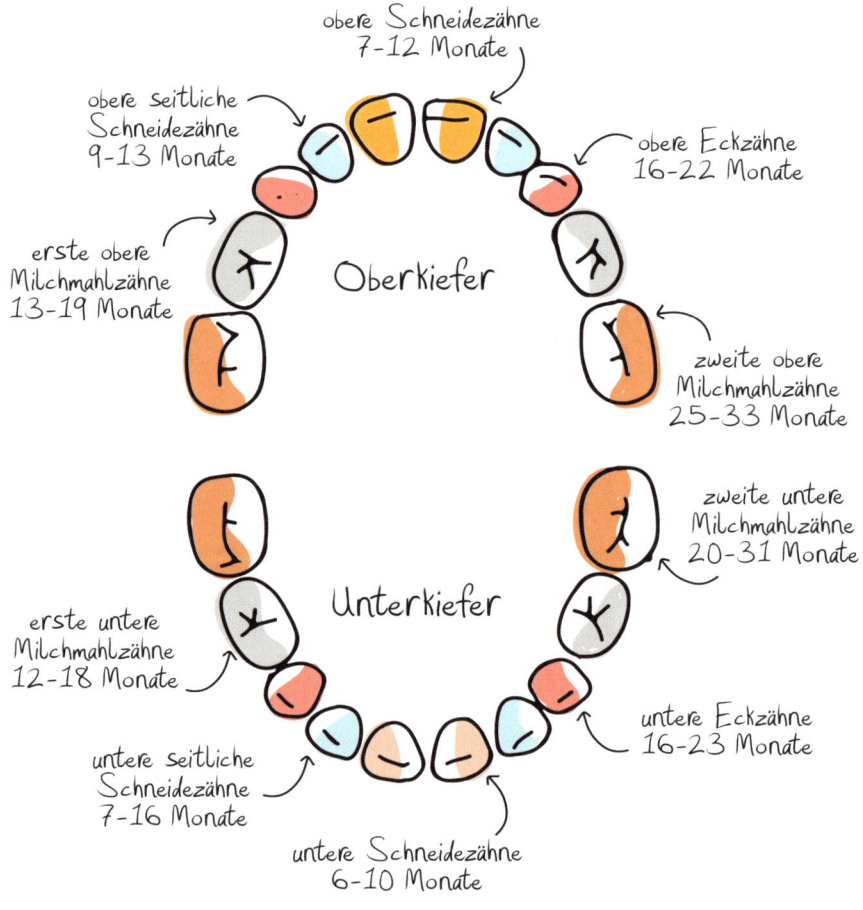

obere Schneidezähne
7-12 Monate

obere seitliche
Schneidezähne
9-13 Monate

obere Eckzähne
16-22 Monate

erste obere
Milchmahlzähne
13-19 Monate

Oberkiefer

zweite obere
Milchmahlzähne
25-33 Monate

zweite untere
Milchmahlzähne
20-31 Monate

erste untere
Milchmahlzähne
12-18 Monate

Unterkiefer

untere Eckzähne
16-23 Monate

untere seitliche
Schneidezähne
7-16 Monate

untere Schneidezähne
6-10 Monate

Wie lindere ich Zahnungsschmerzen?

*Rote Wangen, entzündeter Po, enormer Speichelfluss, laufende Nase, ständiges Weinen ...
Kein Zweifel: Ihr Baby zahnt. Hier ein paar Tipps, wie Sie die Schmerzen lindern können.*

KÄLTE

Bewahren Sie im Kühlschrank ein paar Spielzeuge auf, die Ihr Kind gewöhnlich gerne in den Mund nimmt. Nicht nur der Druck auf das Zahnfleisch lindert den Schmerz, auch die betäubende Wirkung der Kälte wird Ihrem Baby gut tun.

BERNSTEIN

Probieren Sie eine Bernsteinkette aus. Die Wirkung ist nicht erwiesen, aber Bernstein werden lindernde Heilkräfte zugeschrieben. Achten Sie aus Sicherheitsgründen auf das Echtheitszertifikat und vor allem darauf, dass die Kette stabil aufgefädelt und elastisch ist.

ALTERNATIVMEDIZIN

Nutzen Sie alternative Heilmittel. Geben Sie Ihrem Baby homöopathische Mittel, z. B. Zahnfleischgel. Ihr Apotheker verfügt über zahlreiche natürliche Heilmittel auf Basis von Salbei, Kamille oder auch Safran.

MEDIKAMENTE

Mit Erlaubnis des Kinderarztes können Sie Ihrem Baby auch Paracetamol oder Ibuprofen geben. In geringer Dosierung lindern diese Medikamente die Schmerzen des Kindes. Und sie sind unverzichtbar, um Fieber zu senken.

Wissenswert

JEDER ZAHNDURCHBRUCH IST ANDERS

Kinder reagieren unterschiedlich auf den Durchbruch der einzelnen Zähne. Im Allgemeinen sind die größten Zähne auch die schmerzhaftesten. Wenn das erste Zähnchen große Schwierigkeiten bereitet, keine Panik! Je größer das Baby wird, desto mehr lernt es, sich abzulenken.

Wie lindere ich Bauchkoliken?

WOHER KOMMEN SIE?

Koliken kommen recht häufig vor, eins von 5 Kindern hat sie. Der Grund dafür ist das noch nicht ausgereifte Verdauungssystem, Blähungen und Bauchschmerzen sind die Folge.

Koliken treten normalerweise ab der 2. Lebenswoche auf und können bis zu 6 Monate anhalten, lassen aber nach dem 3. Monat gewöhnlich nach.

WIE ÄUSSERN SIE SICH?

Wenn Ihr Baby einen geblähten Bauch hat und sich krümmt, mit den Beinen zappelt oder unruhig schläft, können Sie darauf wetten, dass Sie es mit Koliken zu tun haben.

WAS KANN ICH TUN?

Achten Sie darauf, wann die Koliken am stärksten sind (meistens nach der Nahrungsaufnahme), um mit ein paar Tricks entgegenzuwirken:

- gezielte Massagen
- Tragen Sie Ihr Baby im »Fliegergriff«: mit dem flachen Bauch auf Ihrem Unterarm, den Kopf in Ihrer Ellenbeuge
- Tragen Sie Ihr Baby im Tragetuch: Die Wirkung ist ähnlich wie beim Pucken

Wenn die Schmerzen eher während des Schlafens auftreten, versuchen Sie es mit Pucken. Der leichte Druck des Wickeltuchs auf den Babybauch kann eine lindernde Wirkung haben.

Zur längerfristigen Behandlung können Sie auch osteopathische Sitzungen ausprobieren, in denen versucht wird, die Organe »zurechtzurücken« und ihre Funktionsweise zu verbessern. Auch Fencheltee kann die Verdauung anregen.

MASSAGE ZUR LINDERUNG VON KOLIKEN

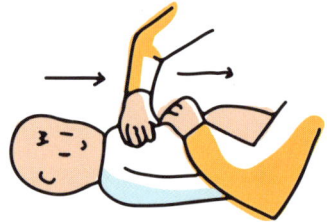

Platzieren Sie Ihre beiden Hände waagrecht auf den Babybauch und streichen Sie eine nach der anderen nach unten.

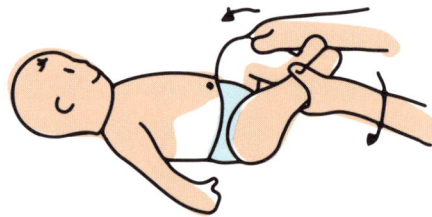

Beugen Sie die Beine Ihres Babys zum Bauch hin und halten Sie sie 5–10 Sekunden, dann schwenken Sie die Beine von rechts nach links.

Was tun bei Verstopfung?

WAS BEDEUTET VERSTOPFUNG BEI NEUGEBORENEN?

Zunächst einmal Vorsicht: Wenn Sie Ihr Baby stillen, liegt vielleicht gar keine Verstopfung vor. Es kommt tatsächlich vor, dass die Muttermilch sich den Bedürfnissen Ihres Kindes so perfekt anpasst, dass es quasi keine Reststoffe ausscheidet. Der Stuhlgang wird somit seltener, Ihr Baby hat vielleicht nur einen pro Woche.

Man kann erst von einem trägen Darm sprechen, wenn Sie bemerken, dass es sehr wohl Stuhl zum Ausscheiden gibt, das Baby sich aber sehr schwer damit tut: geblähter Bauch, harter Stuhl in kleinen Kügelchen, schmerzhafter und natürlich seltener Stuhlgang.

WIE VERSCHAFFE ICH MEINEM BABY ERLEICHTERUNG?

- Wenn Ihr Baby Flaschennahrung bekommt, probieren Sie andere Marken, andere Zusammensetzungen aus.

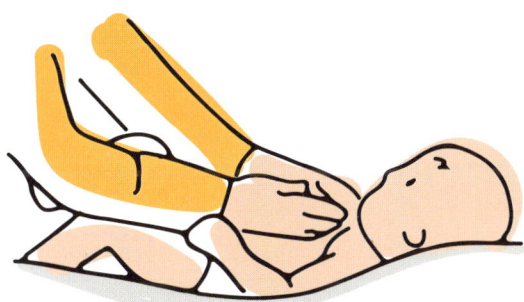

- Massagen. Leichte, kreisende Bewegungen im Uhrzeigersinn.
- Mineralwasser mit hohem Magnesiumgehalt. Das wird bewusst bei Verstopfung eingesetzt und meist auch in kleinen Flaschen verkauft. Im Allgemeinen reicht ein Esslöffel pro Fläschchen.
- Glycerinzäpfchen. Die haben eine radikale Wirkung! Sie sind völlig ungefährlich, aber bitte sparsam verwenden, damit Ihr Baby nicht das Drücken »verlernt«!

Wissenswert

Verstopfung verschwindet im Allgemeinen von selbst, sobald die Ernährung vielfältiger wird.

Impfungen: Wie finde ich mich da zurecht?

Welche Erstimpfungen und Auffrischungen bekommt Ihr Kind in welchem Alter? Hier eine Aufstellung der empfohlenen Impfungen für Ihr Baby bis zum 18. Monat. Danach kommt erst einmal nichts mehr bis zum 6. Lebensjahr!

Alter	Impfung
6 Wochen	Rotaviren
2 Monate	Diphterie – Tetanus – Polio Keuchhusten – H. influenzae Typ B (HIB) – Hepatitis B Pneumokokken Rotaviren
3 Monate	Diphterie – Tetanus – Polio Keuchhusten – H. influenzae Typ B (HIB) – Hepatitis B
4 Monate	Diphterie – Tetanus – Polio Keuchhusten – H. influenzae Typ B (HIB) – Hepatitis B Pneumokokken
11–14 Monate	Diphterie – Tetanus – Polio – Keuchhusten – H. influenzae Typ B (HIB) – Hepatitis B Pneumokokken Masern – Mumps – Röteln Windpocken
12 Monate	Meningokokken
15–23 Monate	Masern – Mumps – Röteln Windpocken

Wissenswert

Hinzu kommen fakultative Impfungen ohne festen Zeitplan, je nach Situation: Hepatitis A, Grippe, etc.

Wie helfe ich meinem Kind dabei?

So eine Impfung ist kein Zuckerschlecken. Ein Erwachsener im Arztkittel, eigentlich vertrauenswürdig, tut dem Kind weh! Das Baby kann noch lange Zeit die Erinnerung an dieses traumatisierende Erlebnis bewahren.

BETÄUBUNGSPFLASTER

Ziel ist eine örtliche Betäubung der Haut an der Einstichstelle. Die Wirkung der Pflaster ist begrenzt, denn bei manchen Impfungen ist der Impfstoff selbst schmerzhafter als der Pieks. Außerdem kann das Abziehen des Pflasters schwierig und kontraproduktiv sein, es hilft nicht, Schmerz mit Schmerz zu bekämpfen!

Außerdem muss man bedenken, dass ein Betäubungsmittel auf jeden Fall ein bis zwei Stunden vor der Impfung verabreicht werden muss.

BETÄUBUNGSCREME

Ein guter Trick, um das Anbringen und Abziehen eines Pflasters zu vermeiden: Nehmen Sie besser Betäubungscreme, damit kann man eine größere Hautfläche behandeln. Schützen Sie die Stelle mit Klarsichtfolie.

Klarsichtfolie

Betäubungscreme

DAS KIND AUF DIE IMPFUNG VORBEREITEN

Sie sollten Ihr Kind, und sei es noch so klein, gründlich auf die Impfung und was dabei passiert vorbereiten. Bei der Impfung selbst bleiben Sie in der Nähe, im Blickfeld des Kindes, wenn möglich in Körperkontakt.

Sie können dem Arzt eine große Hilfe sein, wenn Sie Ihr Kind im richtigen Moment mit einem Reim, einem Schnuller oder einem Kuscheltier ablenken.

Und dann, wenn Ihr Kind alles überstanden hat, liebkosen Sie es und loben Sie es für seine Tapferkeit.

Mein Kind ist krank, was tun?

	Symptome	Was ist zu tun?
Babyakne	Kleine Pickel	Nichts
Windel-ausschlag	Wunder Po, Pusteln oder kleine Pickel	Die Windel so oft wie möglich wechseln. Die Babyhaut an der Luft trocknen lassen, Rubbeln vermeiden.
Rhino-pharyngitis (Erkältung)	Halsschmerzen, laufende Nase, leichtes Fieber	Das Kind so viel wie möglich trinken lassen. Nase putzen und regelmäßig Nase spülen.
Rotavirus, Magen-Darm-Virus	Übergeben, Durchfall, Fieber	Dehydrierung und Ansteckung vermeiden. Einen Arzt aufsuchen.
Bronchitis	Atembeschwerden, Husten, gelblicher, dicker Nasenausfluss, kein oder eher schwaches Fieber	Abwarten, bis es vorbeigeht, es sei denn: Ihr Kind ist jünger als 3 Monate; das Fieber steigt oder das Kind wird schwächer; es hat Probleme, Nahrung aufzunehmen.
Mittelohr-entzündung	(Oftmals hohes) Fieber, das auch nach Einnahme von Schmerzmitteln nicht sinkt. Starke Erkältungssymptome, dicker, gelblicher Nasenausfluss. Schwierigkeiten, einzuschlafen.	Einen Arzt aufsuchen.
Windpocken	Kleine Pusteln auf Gesicht und Körper	Das Fieber behandeln, viel Wasser trinken lassen.

Wie behandle ich kleinere Unfälle?

STÜRZE

Babyhaut ist sehr empfindlich, tragen Sie stets eine Salbe gegen blaue Flecken bei sich. Suchen Sie ruhig einen Osteopathen auf, der alles wieder an den rechten Platz bringt, damit das Wachstum nicht behindert wird.

HAUTABSCHÜRFUNGEN, SCHRAMMEN UND KLEINE SCHNITTE

Bevor Sie irgendetwas machen, waschen Sie sich die Hände! Sie können auch die Wunde mit lauwarmem Kernseifen-Wasser säubern, bevor Sie sie desinfizieren. Vermeiden Sie farbige Desinfektionsmittel (wie Jod-Lösung), dadurch kann man die Entwicklung der Wunde nicht richtig beobachten.

Farbloses Desinfektionsmittel

Farbiges Desinfektionsmittel

Seife

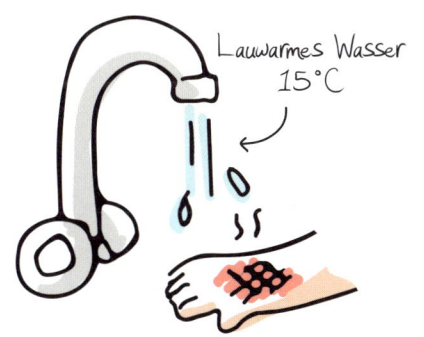

Lauwarmes Wasser 15°C

LEICHTE VERBRENNUNGEN

Ein gutes Mittel, um »das Feuer zu löschen«, den Schmerz zu lindern und eine gute Verheilung zu begünstigen: lauwarmes Wasser (15° C) für 15 Minuten über die verbrannte Haut laufen lassen.

Wenn die Verbrennung ausgedehnt ist oder die Ursache der Verbrennung auf eine schlimme Verletzung schließen lässt, rufen Sie sofort den Notarzt.

Wissenswert

Wenn Ihr Kind auf den Kopf gefallen ist und sofort losschreit, ist das ein gutes Zeichen. Beunruhigt sollten Sie sein, wenn das Kind schläfrig wird, apathisch wirkt, oder sich übergeben muss.

Was gehört in die Reiseapotheke?

UNVERZICHTBAR IN JEDER REISEAPOTHEKE SIND:

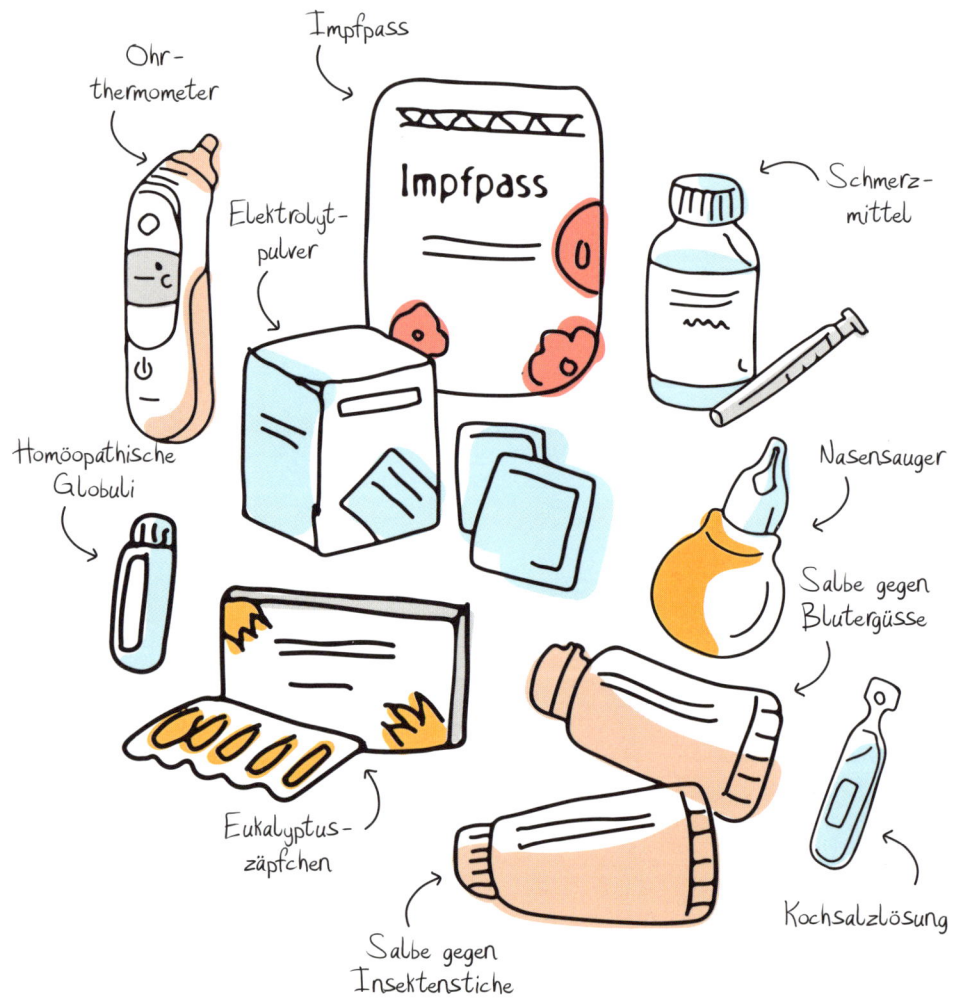

Ohr-thermometer

Impfpass

Impfpass

Elektrolyt-pulver

Schmerz-mittel

Homöopathische Globuli

Nasensauger

Salbe gegen Blutergüsse

Eukalyptus-zäpfchen

Kochsalzlösung

Salbe gegen Insektenstiche

Wie verreise ich mit Baby?

UNENTBEHRLICHE GRUNDAUSSTATTUNG

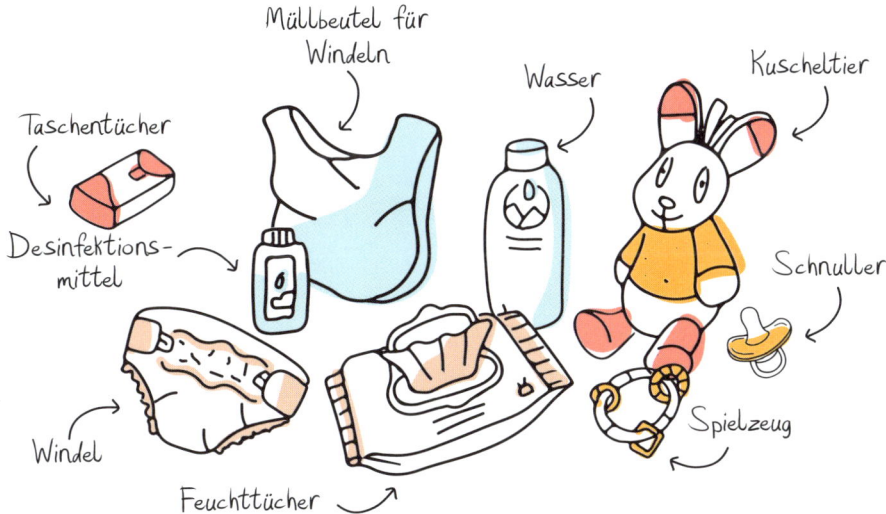

Taschentücher

Desinfektions-mittel

Müllbeutel für Windeln

Wasser

Kuscheltier

Schnuller

Windel

Feuchttücher

Spielzeug

IN DER KÜHLBOX

Wenn die Reise im Sommer statt-findet, nehmen Sie eine kleine Kühlbox mit, in der Sie das Essen für Ihr Kind aufbewahren. Kaufen Sie dazu luftdicht verschließbare Töpfchen und nehmen Sie vorab dosierte Portionen mit.

Kekse

MILCH

Tipp

Wenn Sie mit dem Flugzeug reisen, nehmen Sie einen Schnuller oder ein Fläschchen mit. Das Nuckeln hilft beim Druckausgleich. Wenn Sie im Auto reisen, machen Sie viele Pausen und fahren Sie überwiegend nachts.

Was packe ich ein, wenn es in die Ferien geht?

DIE BASICS, IMMER UND ÜBERALLHIN MITZUNEHMEN

- Kulturbeutel
- Pass oder Ausweis
- Impfpass
- Söckchen
- Body
- Hausschuhe
- Schlafsack
- Schuhe
- Schnuller
- Pyjama
- Stofftier
- Sonnencreme

SOMMER
- Badeanzug/-hose
- Schwimmwindeln
- Hut
- Sonnenbrille
- Shorts
- T-Shirt

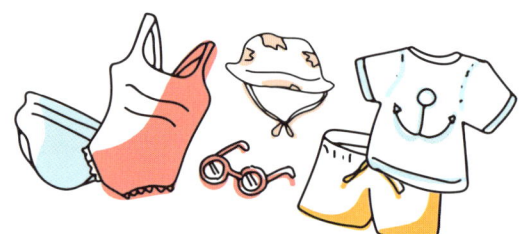

WINTER
- Schalmütze
- Pullover
- Handschuhe
- Schneeanzug
- Strumpfhose
- Hose